Impressum

Verlag: BABADADA GmbH, Nedderfeld 112 , 22529 Hamburg

Geschäftsführer / Verlagsleitung: Harald Hof

Druck: Books on Demand GmbH, In de Tarpen 42, 22848 Norderstedt

Imprint

Publisher: BABADADA GmbH, Nedderfeld 112 , 22529 Hamburg, Germany

Managing Director / Publishing direction: Harald Hof

Print: Books on Demand GmbH, In de Tarpen 42, 22848 Norderstedt

colegio
学校

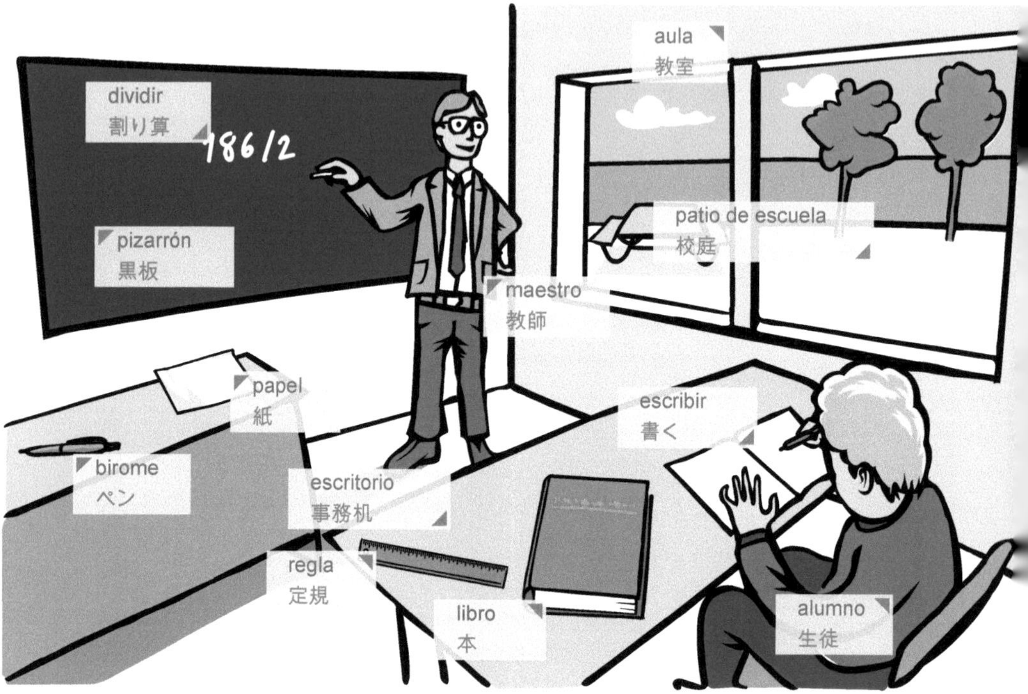
aula
教室
dividir
割り算
186/2
pizarrón
黒板
patio de escuela
校庭
maestro
教師
papel
紙
escribir
書く
birome
ペン
escritorio
事務机
regla
定規
libro
本
alumno
生徒

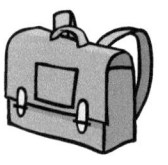

mochila
ランドセル

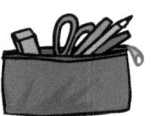

caja de lápices
筆入れ

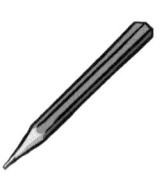

lápiz
鉛筆

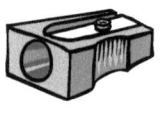

sacapuntas
鉛筆削り

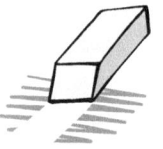

goma (de borrar)
消しゴム

bloc de dibujo
スケッチブック

dibujo
スケッチ

pincel
絵筆

caja de pinturas
絵の具箱

tijera
はさみ

pegamento
接着剤

cuaderno de ejercicios
練習帳

tarea
宿題

número
数

sumar
足し算

restar
引き算

multiplicar
かけ算

calcular
計算する

letra
文字

abecedario
アルファベット

palabra
単語

texto
テキスト

leer
読む

tiza
チョーク

lección
授業

cuaderno de clase
学級日誌

examen
試験

certificado
通知表

uniforme escolar
制服

educación
教育

enciclopedia
百科事典

universidad
大学

microscopio
顕微鏡

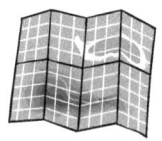

mapa
地図

tacho (de basura)
ごみ箱

viaje
旅行

hotel
ホテル
Grand
hostel
ホステル
ROOMS
EXCHANGE
casa de cambio
両替所
valija
スーツケース
auto
自動車

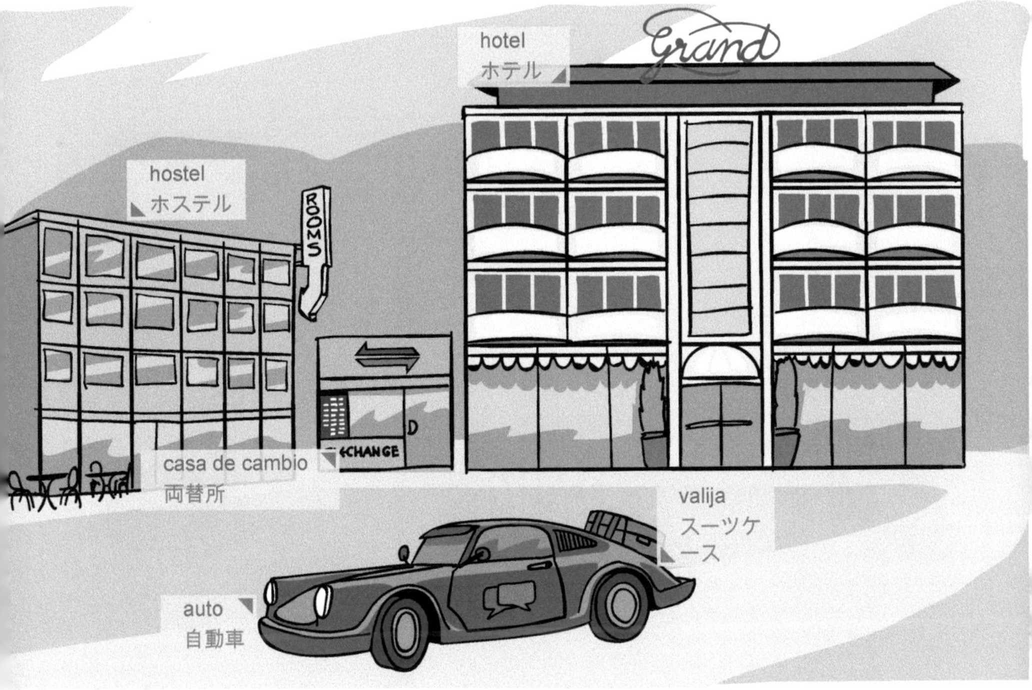

idioma

言語

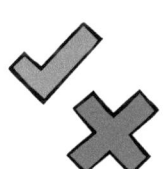

sí / no

はい / いいえ

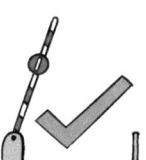

Está bien

問題ない

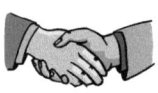

hola

ハロー

traductor

翻訳者

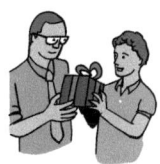

Gracias

ありがとう

¿cuánto cuesta…?

…はいくらですか？

No entiendo

わかりません

problema

問題

¡Buenas tardes!

こんばんは！

¡Buenos días!

おはようございます！

¡Buenas noches!

おやすみなさい！

adiós

さようなら

dirección

方向

equipaje

手荷物

bolso

バッグ

mochila

リュックサック

invitado

お客様

habitación

部屋

bolsa de dormir

寝袋

carpa

テント

información turística

旅行者情報

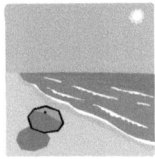

playa

ビーチ

tarjeta de crédito

クレジットカード

desayuno

朝食

almuerzo

昼食

cena

夕食

pasaje

チケット

ascensor

エレベーター

sello

スタンプ

frontera

境界

aduana

税関

embajada

大使館

visa

ビザ

pasaporte

パスポート

transporte
輸送

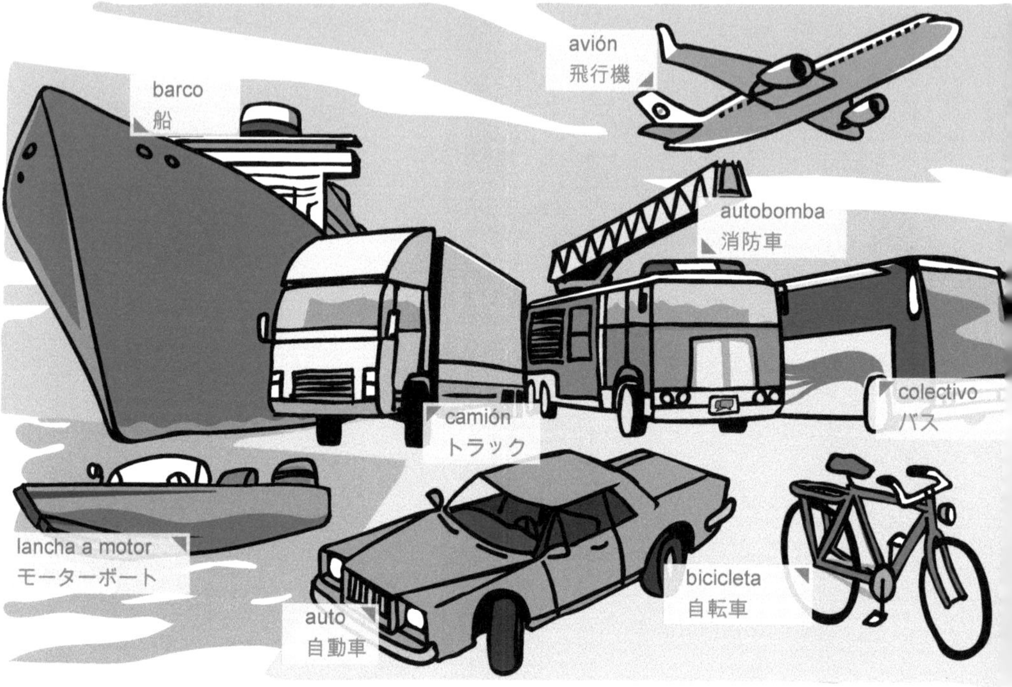

avión
飛行機
barco
船
autobomba
消防車
colectivo
バス
camión
トラック
lancha a motor
モーターボート
bicicleta
自転車
auto
自動車

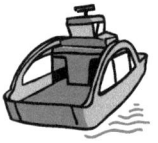

ferry

フェリー

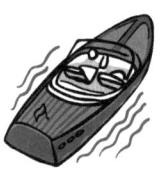

bote

ボート

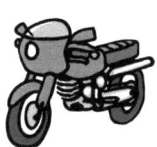

moto

バイク

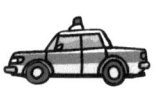

patrullero

パトカー

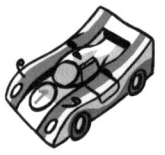

auto de carreras

レーシングカー

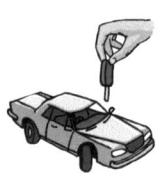

auto de alquiler

レンタカー

alquiler de autos

カーシェアリング

grúa

レッカー車

camión de basura

ごみ収集車

motor

モーター

nafta

燃料

estación de servicio

ガソリンスタンド

señal de tránsito

交通標識

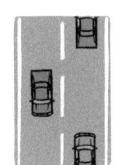

tránsito

交通

embotellamiento

渋滞

estacionamiento

駐車場

estación de tren

駅

vías

道

tren

列車

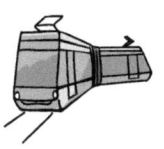

tranvía

路面電車

vagón

車両

helicóptero

ヘリコプター

aeropuerto

空港

torre

タワー

pasajero

乗客

contenedor

コンテナ

caja de cartón

段ボール箱

carretilla

カート

canasta

カゴ

despegar / aterrizar

離陸 / 着陸

ciudad

都市

pueblo

村

centro de ciudad

都心

casa

家

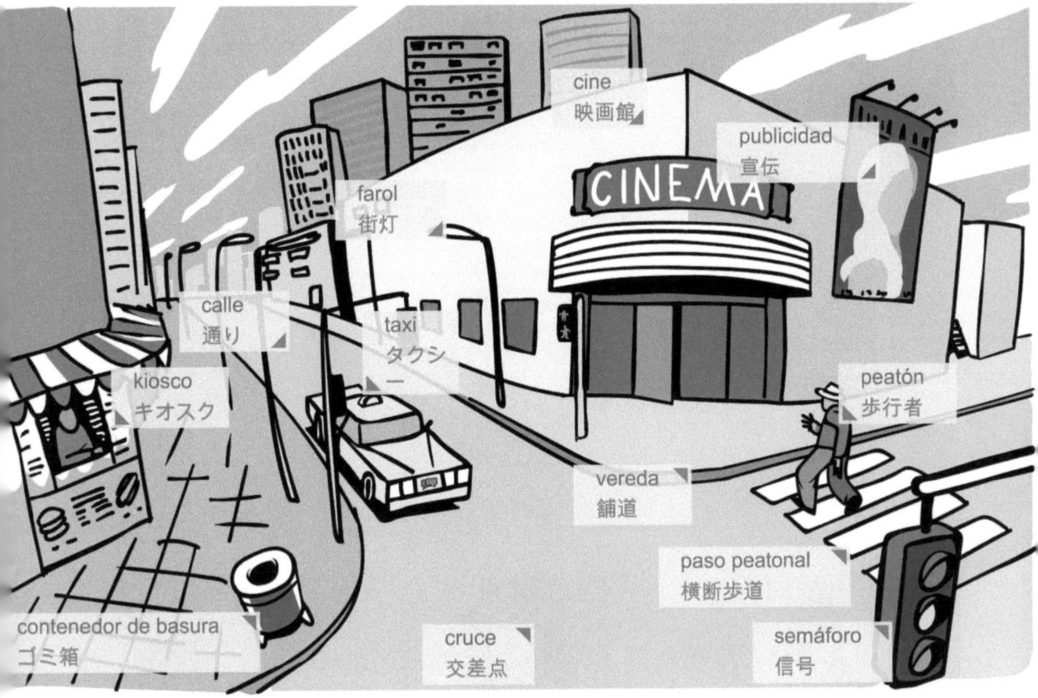

cine
映画館
publicidad
宣伝
CINEMA
farol
街灯
calle
通り
taxi
タクシー
kiosco
キオスク
peatón
歩行者
vereda
舗道
paso peatonal
横断歩道
contenedor de basura
ゴミ箱
cruce
交差点
semáforo
信号

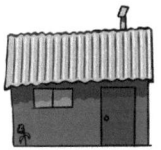

cabaña

小屋

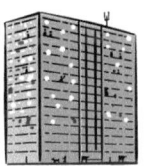

departamento

アパート

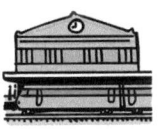

estación de tren

駅

municipalidad

市役所

MUSEUM

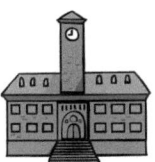

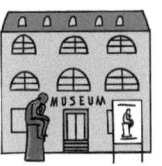

museo

美術館

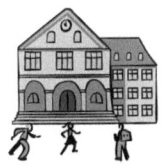

colegio

学校

universidad

大学

banco

銀行

hospital

病院

hotel

ホテル

farmacia

薬局

oficina

オフィス

librería

書店

negocio

ショップ

florería

花屋

supermercado

スーパーマーケット

mercado

市場

grandes tiendas

デパート

pescadería

魚屋

centro comercial

ショッピングセンター

puerto

港

parque
公園

banco
ベンチ

puente
橋

escaleras
階段

subte
地下鉄

túnel
トンネル

parada del colectivo
バス停

bar
バー

restaurante
レストラン

buzón
ポスト

letrero
道路標識

parquímetro
パーキングメーター

zoológico
動物園

pileta
スイミングプール

mezquita
モスク

ciudad - 都市

granja
農場

contaminación
汚染

cementerio
墓地

iglesia
教会

juegos infantiles
遊び場

templo
寺

paisaje
風景

hoja
葉

poste indicador
道標

camino
道

pradera
草地

piedra
石

árbol
木

excursionista
ハイカー

río
川

hierba
草

flor
花

valle

谷

montaña

山

lago

湖

bosque

森

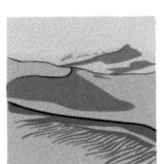

desierto

砂漠

volcán

火山

castillo

城

arco iris

虹

champiñón

キノコ

palmera

ヤシの木

mosquito

蚊

mosca

ハエ

hormiga

蟻

abeja

ミツバチ

araña

クモ

escarabajo

カブトムシ

rana

蛙

ardilla

リス

erizo

ハリネズミ

liebre

ウサギ

lechuza

フクロウ

pájaro

鳥

cisne

白鳥

jabalí

雄豚

ciervo

鹿

alce

ヘラジカ

presa

ダム

aerogenerador

風力タービン

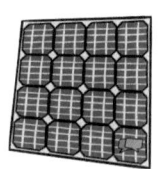

panel solar

ソーラーパネル

clima

気候

restaurante
レストラン

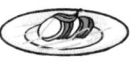

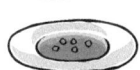

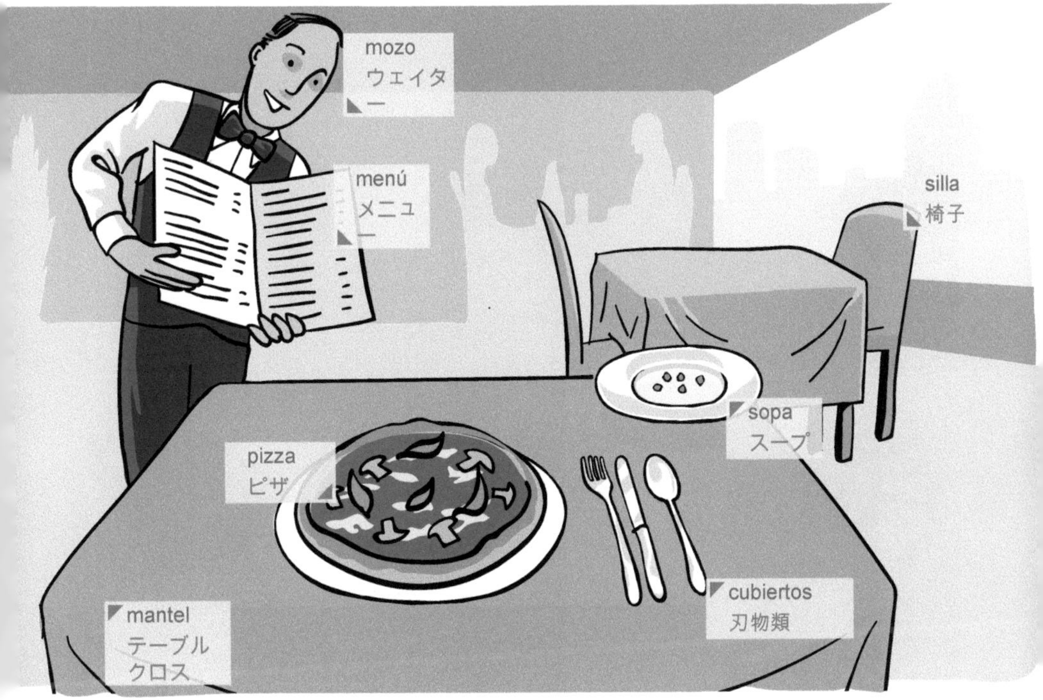
mozo
ウェイター
menú
メニュー
silla
椅子
sopa
スープ
pizza
ピザ
cubiertos
刃物類
mantel
テーブルクロス

entrada

前菜

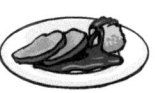

plato principal

メインコース

postre

デザート

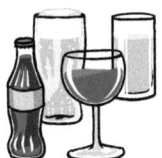

bebidas

飲み物

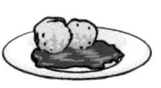

comida

食べ物

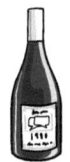

botella

ボトル

comida rápida

ファストフード

comida callejera

屋台の食べ物

tetera

ティーポット

azucarera

砂糖入れ

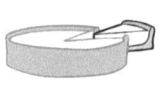

porción

一人前

cafetera expreso

エスプレッソマシン

sillita alta

幼児用食事椅子

cuenta

請求書

bandeja

トレー

cuchillo

ナイフ

tenedor

フォーク

cuchara

スプーン

cucharita

ティースプーン

servilleta

ナプキン

vaso

グラス

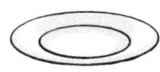

plato

皿

plato hondo

スープ皿

plato

受け皿

salsa

ソース

salero

塩入れ

molinillo de pimienta

ペッパーミル

vinagre

酢

aceite

油

especias

スパイス

kétchup

ケチャップ

mostaza

マスタード

mayonesa

マヨネーズ

supermercado
スーパーマーケット

oferta especial
特価品
FOR
cliente
顧客
lácteos
乳製品
fruta
果物
changuito
ショッピング
・カート

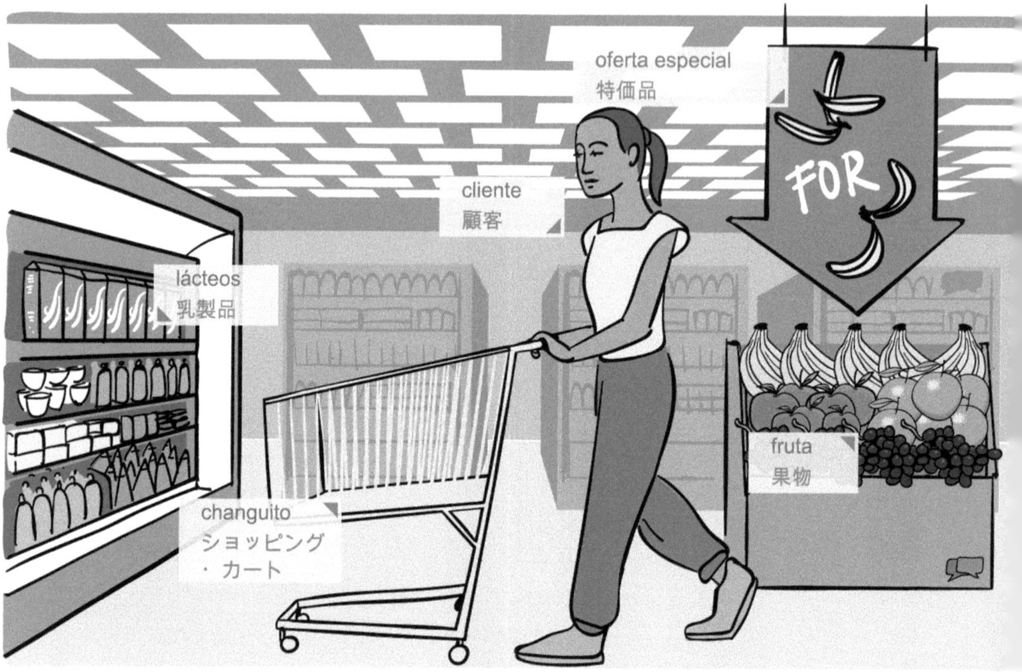

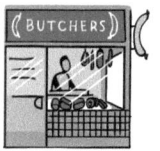

BUTCHERS

carnicería

肉屋

BAKERY

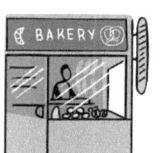

panadería

パン屋

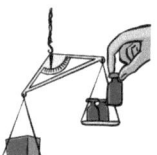

pesar

重さをはかる

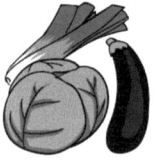

verduras

野菜

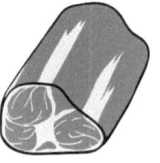

carne

肉

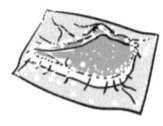

alimentos congelados

冷凍食品

fiambres

冷肉の薄切り

alimentos enlatados

缶詰食品

detergente en polvo

洗剤

golosinas

菓子

electrodomésticos

家庭用品

productos de limpieza

清掃用品

vendedora

販売員

caja

現金箱

cajero

レジ係

lista de compras

買い物リスト

horario de atención

開館時刻

billetera

財布

tarjeta de crédito

クレジットカード

cartera

バッグ

bolsa de plástico

ポリ袋

agua

水

jugo

ジュース

leche

牛乳

bebida cola

コーラ

vino

ワイン

cerveza

ビール

alcohol

アルコール

cacao

ココア

té

紅茶

café

コーヒー

café expreso

エスプレッソ

cappuccino

カプチーノ

banana

バナナ

manzana

リンゴ

naranja

オレンジ

melón

メロン

limón

レモン

zanahoria

ニンジン

ajo

ニンニク

bambú

竹

cebolla

玉ねぎ

champiñón

キノコ

nueces

ナッツ

fideos

ヌードル

tallarines

スパゲッティ

arroz

米

ensalada

サラダ

papas fritas

フライドポテト

papas fritas

フライドポテト

pizza

ピザ

hamburguesa

ハンバーガー

sándwich

サンドウィッチ

churrasco

カツレツ

jamón

ハム

salame

サラミ

salchicha

ソーセージ

pollo

鶏肉

asado

焼き

pescado

魚

copos de avena

麦のお粥

muesli

ムーズリ

copos de maíz

コーンフレーク

harina

小麦粉

medialuna

クロワッサン

pancito

ロールパン

pan

パン

tostada

トースト

galletitas

ビスケット

manteca

バター

cuajada

カッテージチーズ

torta

ケーキ

huevo

卵

huevo frito

目玉焼き

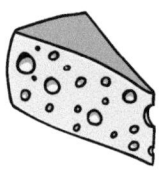

queso

チーズ

helado

アイスクリーム

azúcar

砂糖

miel

はちみつ

mermelada

ジャム

pasta de chocolate

ヌガークリーム

curry

カレー

granja
農場

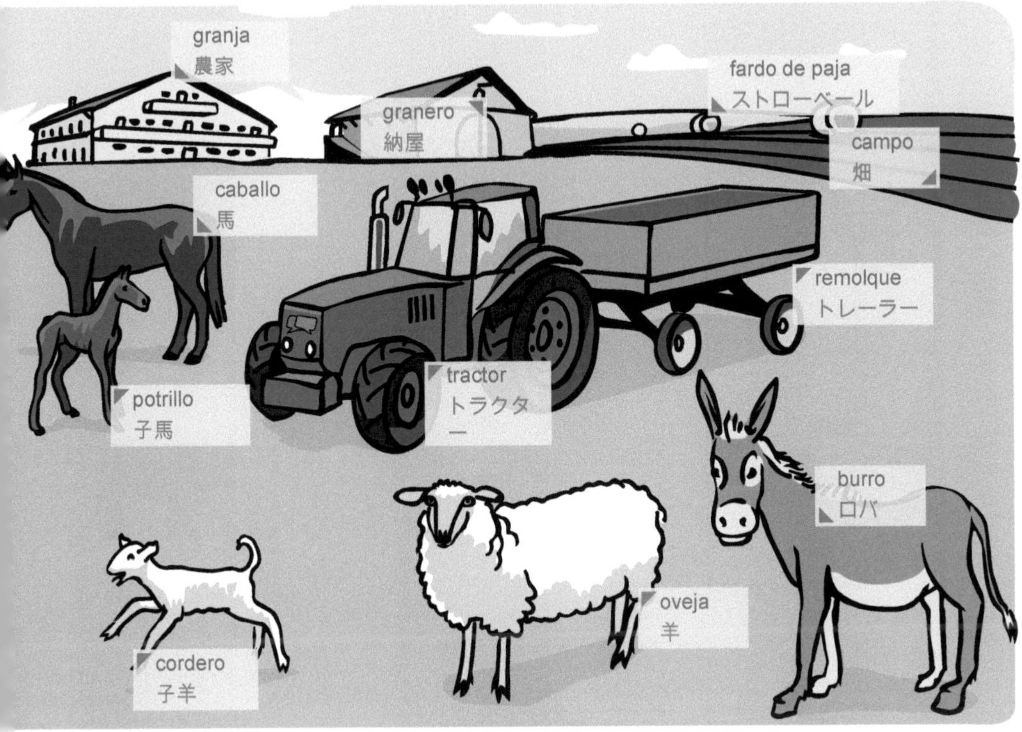
granja
農家
granero
納屋
fardo de paja
ストローベール
campo
畑
caballo
馬
remolque
トレーラー
potrillo
子馬
tractor
トラクター
burro
ロバ
oveja
羊
cordero
子羊

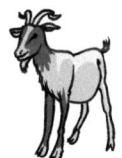

cabra
ヤギ

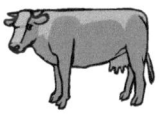

vaca
雌牛

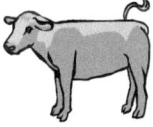

ternero
子牛

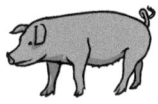

cerdo
豚

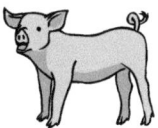

lechón
子豚

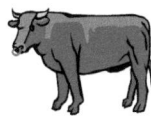

toro
雄牛

ganso

ガチョウ

pato

アヒル

pollo

ひよこ

gallina

にわとり

gallo

おんどり

rata

ネズミ

gato

猫

ratón

ねずみ

buey

雄牛

perro

犬

cucha

犬小屋

manguera

散水ホース

regadera

じょうろ

guadaña

大鎌

arado

すき

hoz

草刈り鎌

azada

くわ

horquilla

堆肥用フォーク

hacha

斧

carretilla

手押し車

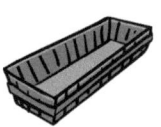

abrevadero

かいばおけ

lechera

牛乳缶

bolsa

袋

reja

フェンス

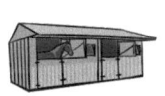

establo

畜舎

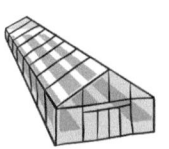

invernadero

温室

suelo

土壌

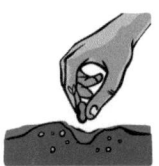

semilla

種

fertilizador

肥料

cosechadora

コンバイン

cosechar

収穫する

cosecha

収穫

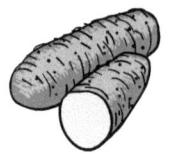

batatas

ヤマイモ

trigo

小麦

soja

大豆

papa

じゃがいも

maíz

トウモロコシ

semilla de colza

菜種

árbol frutal

果樹

mandioca

キャッサバ

cereales

穀物

casa
家

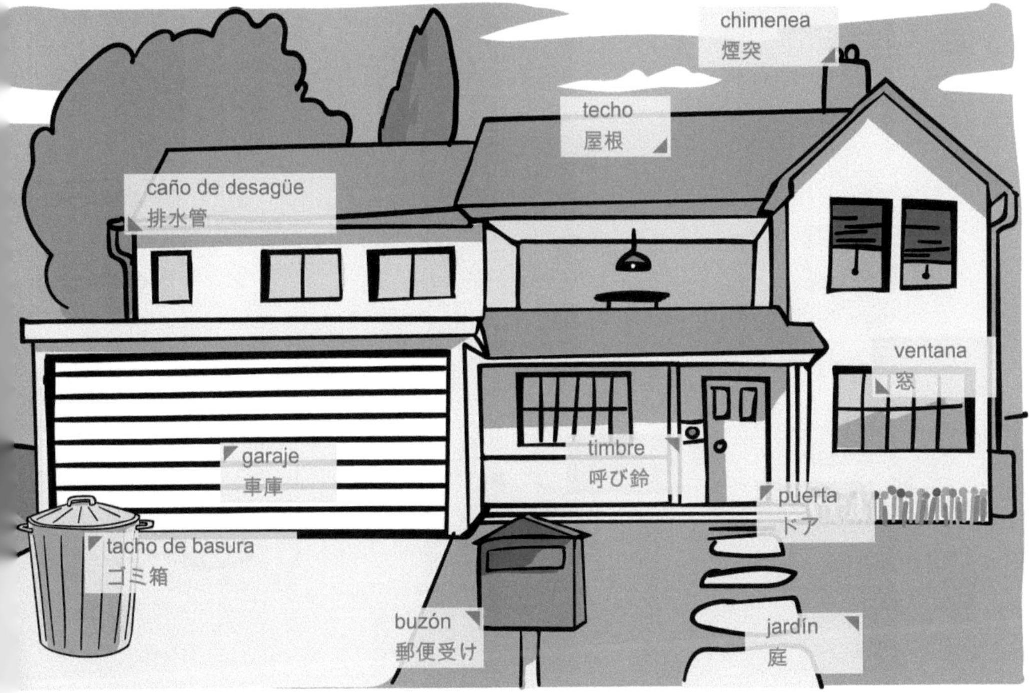
chimenea
煙突
techo
屋根
caño de desagüe
排水管
ventana
窓
timbre
呼び鈴
garaje
車庫
puerta
ドア
tacho de basura
ゴミ箱
buzón
郵便受け
jardín
庭

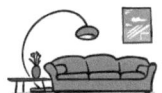

living

リビングルーム

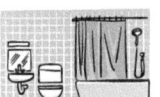

baño

浴室

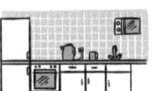

cocina

台所

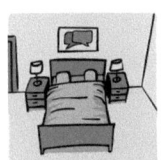

dormitorio

寝室

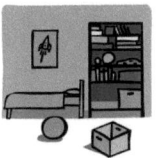

cuarto de los chicos

子供部屋

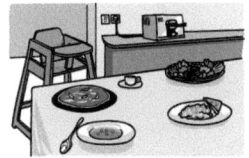

comedor

ダイニング・ルーム

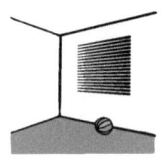

piso

床

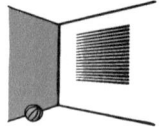

pared

壁

cielorraso

天井

sótano

地下貯蔵庫

sauna

サウナ

balcón

バルコニー

terraza

テラス

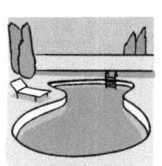

pileta

プール

cortadora de pasto

芝刈り機

sábana

シーツ

acolchado

ベッドカバー

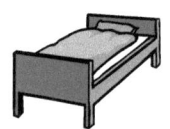

cama

ベッド

escoba

ほうき

balde

バケツ

interruptor

スイッチ

living
リビングルーム

empapelado
壁紙
imagen
絵
lámpara
ランプ
estante
棚
armario
食器棚
televisión
テレビ
chimenea
暖炉
flor
花
almohadón
クッション
sofá
ソファ
florero
花瓶
control remoto
リモコン

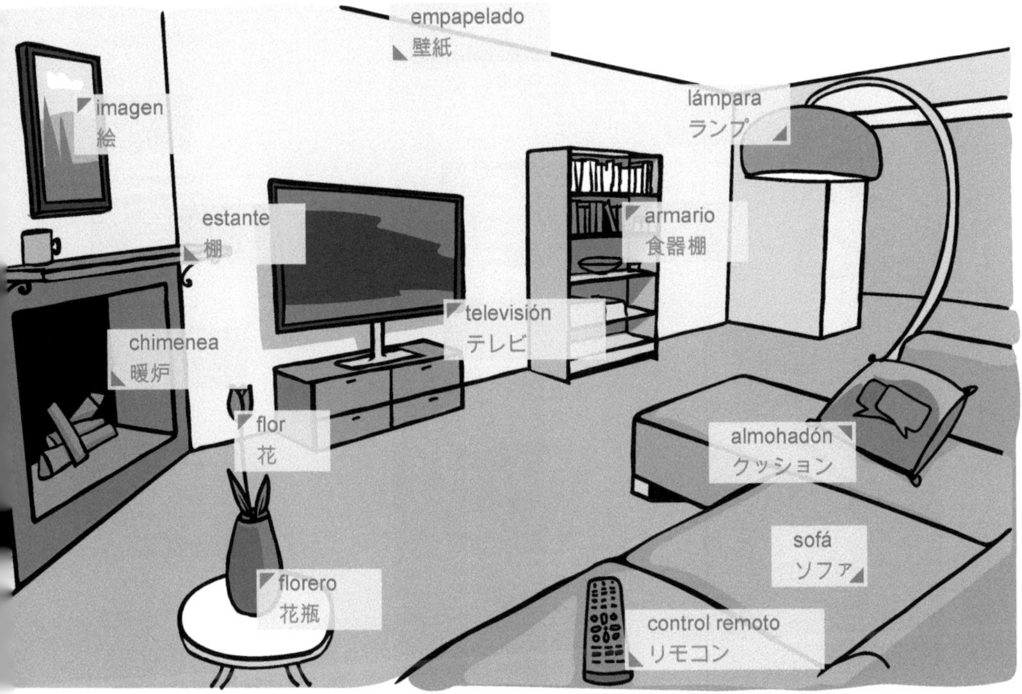

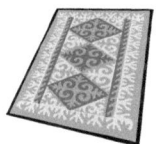

alfombra
カーペット

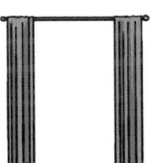

cortina
カーテン

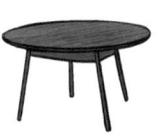

mesa
テーブル

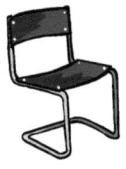

silla
椅子

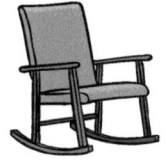

mecedora
ロッキングチェア

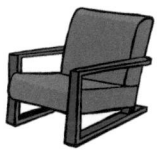

sillón
ひじ掛け椅子

libro

本

frazada

毛布

decoración

飾り

leña

たきぎ

película

映画

equipo de música

ステレオ

llave

鍵

diario

新聞

pintura

絵画

póster

ポスター

radio

ラジオ

cuaderno

メモ帳

aspiradora

掃除機

cactus

サボテン

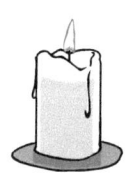

vela

ろうそく

cocina
台所

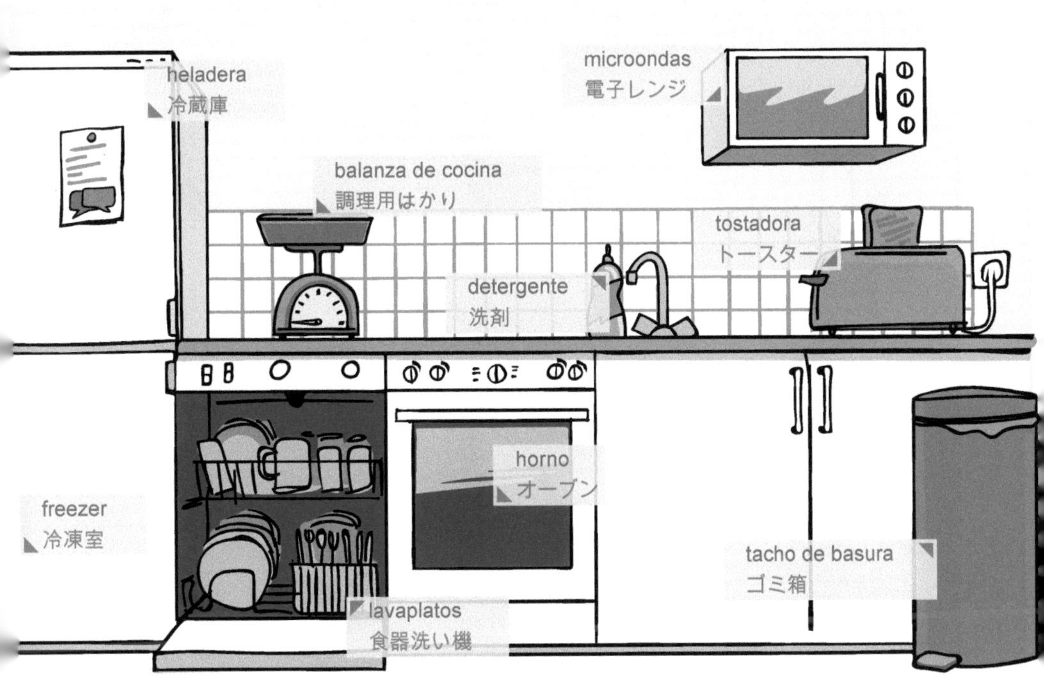

heladera
冷蔵庫
microondas
電子レンジ
balanza de cocina
調理用はかり
tostadora
トースター
detergente
洗剤
horno
オーブン
freezer
冷凍室
tacho de basura
ゴミ箱
lavaplatos
食器洗い機

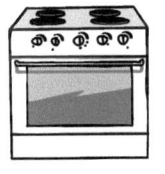

cocina

こんろ

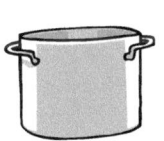

olla

鍋

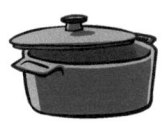

olla de hierro fundido

鉄鍋

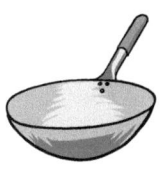

wok

中華鍋/ カダイ鍋

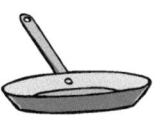

sartén

フライパン

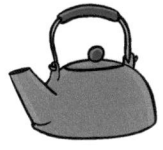

pava

やかん

vaporera

蒸し器

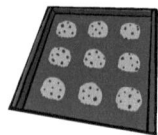

bandeja de horno

天板

vajilla

食器

taza

マグカップ

bol

ボウル

palitos

箸

cucharón

おたま

estpátula

へら

batidora

泡立て器

colador

こし器

colador

ふるい

rallador

すりおろし器

mortero

すり鉢

parrilla

バーベキュー

fogata

かまど

tabla de picar

まな板

palo de amasar

麺棒

sacacorchos

栓抜き

lata

缶

abrelatas

缶切り

manopla

鍋つかみ

pileta

流し

cepillo

ブラシ

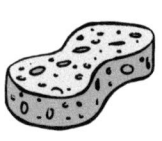

esponja

スポンジ

batidora

ミキサー

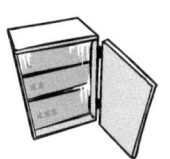

congelador

冷凍庫

mamadera

哺乳瓶

canilla

蛇口

calefacción
ヒーター

ducha
シャワー

toalla
タオル

cortina de ducha
シャワーカーテン

baño de espuma
泡風呂

bañadera
浴槽

vaso
グラス

lavarropas
洗濯機

canilla
蛇口

baldosas
タイル

pelela
おまる

pileta
流し

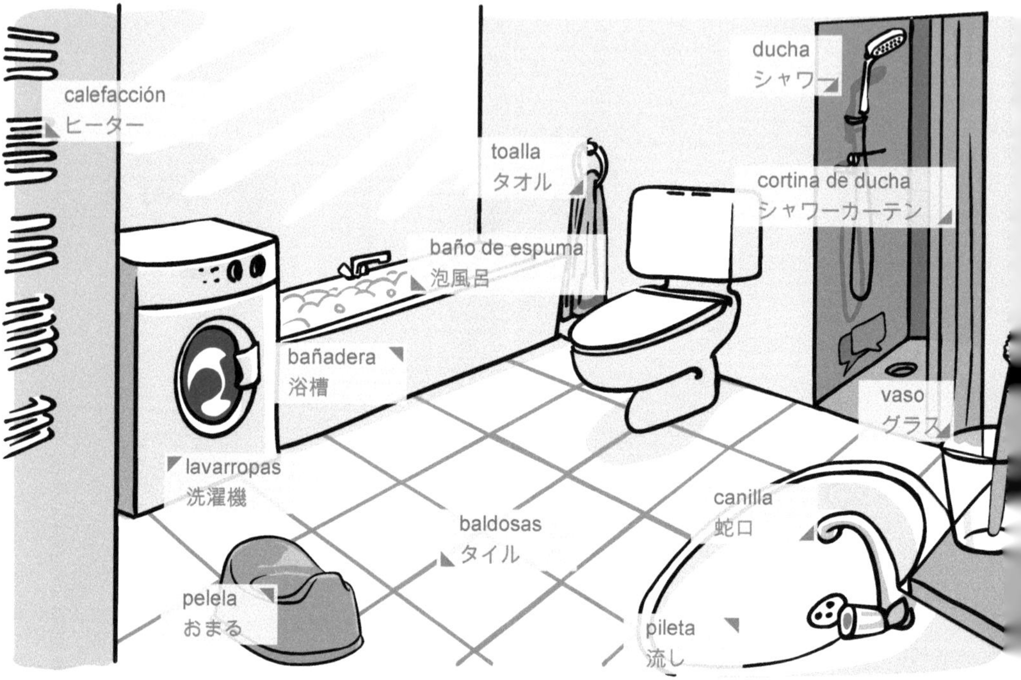

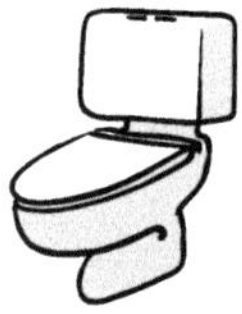

inodoro

トイレ

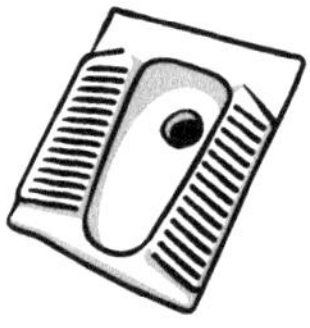

letrina

和式トイレ

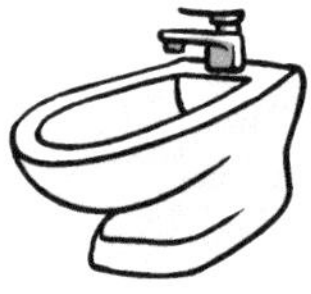

bidé

ビデ

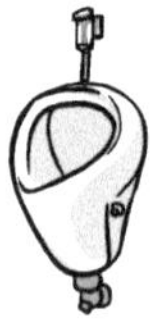

mingitorio

小便器

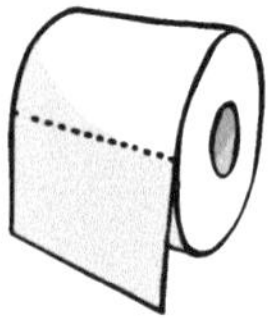

papel higiénico

トイレットペーパー

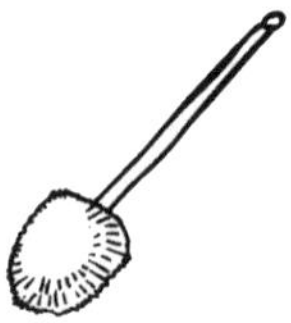

cepillo para el inodoro

トイレブラシ

cepillo de dientes

歯ブラシ

dentífrico

歯みがき

hilo dental

デンタルフロス

lavar

洗う

ducha de mano

シャワーヘッド

ducha higiénica

ハンドビデ

palangana

洗面台

cepillo para espalda

ボディブラシ

jabón

石鹸

gel de ducha

シャワー用ジェル

shampoo

シャンプー

toallita

浴用タオル

desagüe

排水口

crema

クリーム

desodorante

消臭

espejo

鏡

espejito

手鏡

maquinita de afeitar

かみそり

espuma de afeitar

シェービング・フォーム

aftershave

アフターシェーブローショ
ン

peine

櫛

cepillo

ブラシ

secador de pelo

ドライヤー

spray

ヘアスプレー

maquillaje

化粧

lápiz de labios

口紅

esmalte para uñas

マニキュア

algodón

脱脂綿

tijera para uñas

爪切り

perfume

香水

portacosméticos

洗面用具入れ

banqueta

スツール

balanza

体重計

bata

バスローブ

guantes de goma

ゴム手袋

tampón

タンポン

toallita femenina

生理用ナプキン

baño químico

ケミカルトイレ

cuarto de los chicos
子供部屋

despertador
目覚まし時計
peluche
ぬいぐるみ
coche de juguete
おもちゃの自動車
sonajero
がらがら
casa de muñecas
ドール・ハウス
regalo
プレゼント

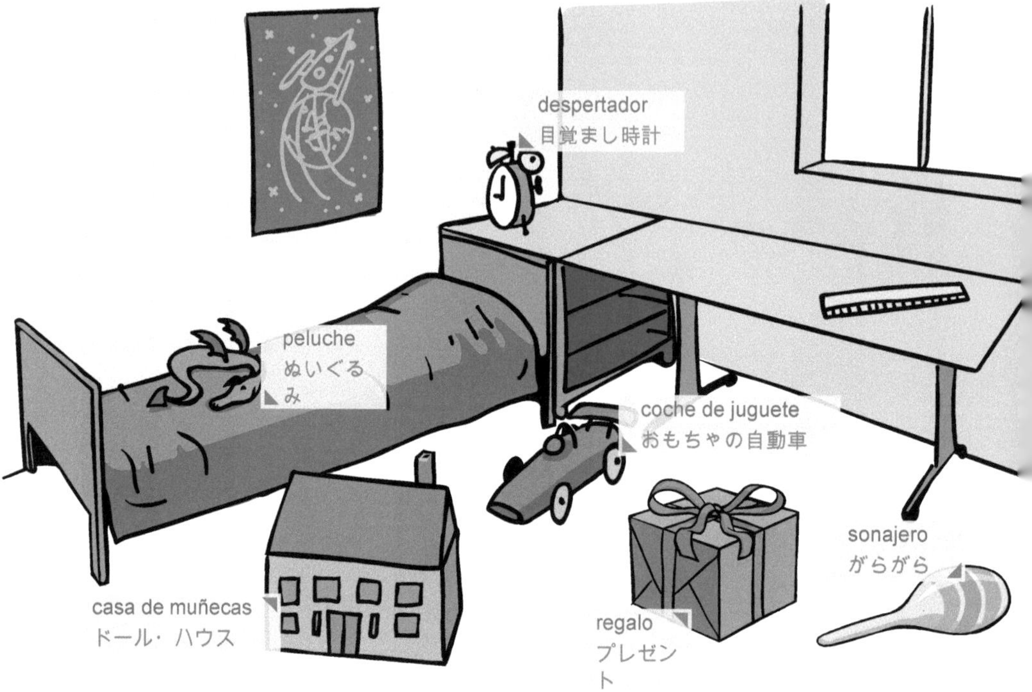

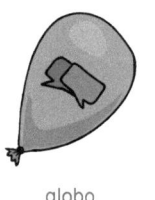

globo

風船

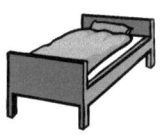

cama

ベッド

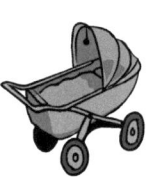

cochecito

ベビーカー

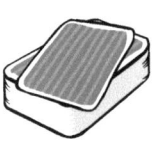

cartas

カードゲーム

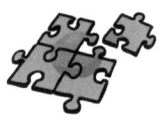

rompecabezas

ジグソーパズル

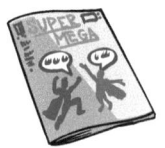

historieta

漫画

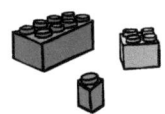

piezas de lego
レゴ

ladrillos de juguete
玩具ブロック

figura de acción
アクションフィギュア

enterito (de bebé)
ロンパース

frisbee
フリスビー

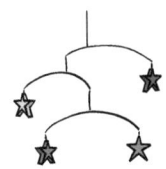

móvil para bebés
モバイル

juego de mesa
ボードゲーム

dados
さいころ

tren eléctrico
鉄道模型

chupete
おしゃぶり

fiesta
パーティー

libro de cuentos ilustrado

絵本

pelota
ボール

muñeca
人形

jugar
遊ぶ

arenero

砂場

hamaca

ブランコ

juguetes

おもちゃ

consola de videojuegos

ゲーム機

triciclo

三輪車

osito de peluche

テディベア

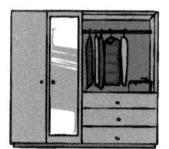

armario

衣装ダンス

ropa

衣服

medias

靴下

medias panty

ストッキング

calzas

タイツ

bufanda
スカーフ

paraguas
雨傘

remera
Tシャツ

cinturón
ベルト

botas
ブーツ

pantuflas
スリッパ

zapatillas
スニーカー

sandalias	zapatos	botas de goma
サンダル	靴	ゴム長靴

ropa interior	corpiño	chaleco
パンツ	ブラ	ベスト

body

ボディースーツ

pantalones

ズボン

jeans

ジーンズ

pollera

スカート

blusa

ブラウス

camisa

シャツ

pulóver

セーター

buzo

パーカー

blazer

ブレザー

campera

ジャケット

tapado

コート

piloto

レインコート

traje

服装

vestido

ドレス

vestido de novia

ウェディングドレス

traje
スーツ

camisón
ナイトガウン

pijama
パジャマ

sari
サリー

pañuelo para cabeza
ヘッドスカーフ

turbante
ターバン

burka
ブルカ

caftán
カフタン

abaya
アバヤ

traje de baño
水着

short de baño
トランクス

shorts
半ズボン

jogging
スウェットスーツ

delantal
エプロン

guantes
手袋

botón

ボタン

anteojos

メガネ

pulsera

ブレスレット

collar

ネックレス

anillo

指輪

aro

イヤリング

gorra

帽子

percha

ハンガー

sombrero

帽子

corbata

ネクタイ

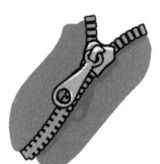

cierre

ファスナー

casco

ヘルメット

tiradores

サスペンダー

uniforme escolar

制服

uniforme

ユニフォーム

babero
....
よだれかけ

chupete
....
おしゃぶり

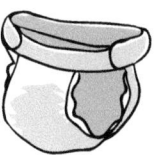

pañal
....
おむつ

oficina
オフィス

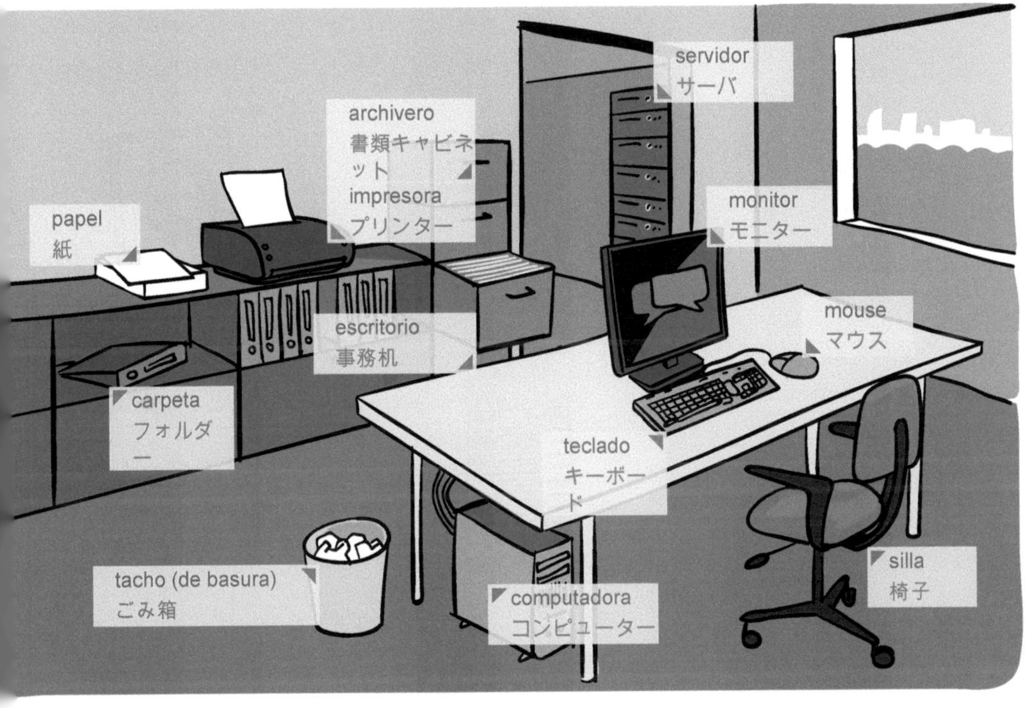

servidor
サーバ

archivero
書類キャビネット
impresora
プリンター

papel
紙

monitor
モニター

mouse
マウス

escritorio
事務机

carpeta
フォルダー

teclado
キーボード

tacho (de basura)
ごみ箱

silla
椅子

computadora
コンピューター

taza de café
....
コーヒーマグ

calculadora
....
計算機

internet
....
インターネット

laptop

ラップトップ

carta

手紙

mensaje

メッセージ

celular

携帯電話

red

ネットワーク

fotocopiadora

コピー機

software

ソフトウェア

teléfono

電話

tomacorriente

コンセント

fax

ファックス

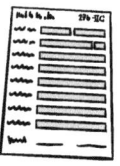

formulario

フォーム

documento

書類

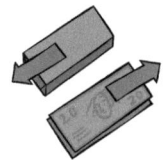

comprar
買う

pagar
支払う

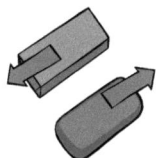

hacer negocios
取引する

dinero
お金

 USD

dólar
ドル

 EUR

euro
ユーロ

JPY

yen
円

RUB

rublo
ルーブル

CHF

franco suizo
スイスフラン

CNY

yuan
人民元

INR

rupia
ルピー

cajero automático
キャッシュポイント

casa de cambio

両替所

oro

金

plata

銀

petróleo

油

energía

エネルギー

precio

価格

contrato

契約

impuesto

税金

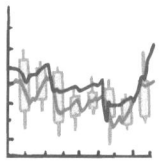

acción

株

trabajar

働く

empleado

従業員

empleador

雇用主

fábrica

工場

negocio

ショップ

ocupaciones
職業

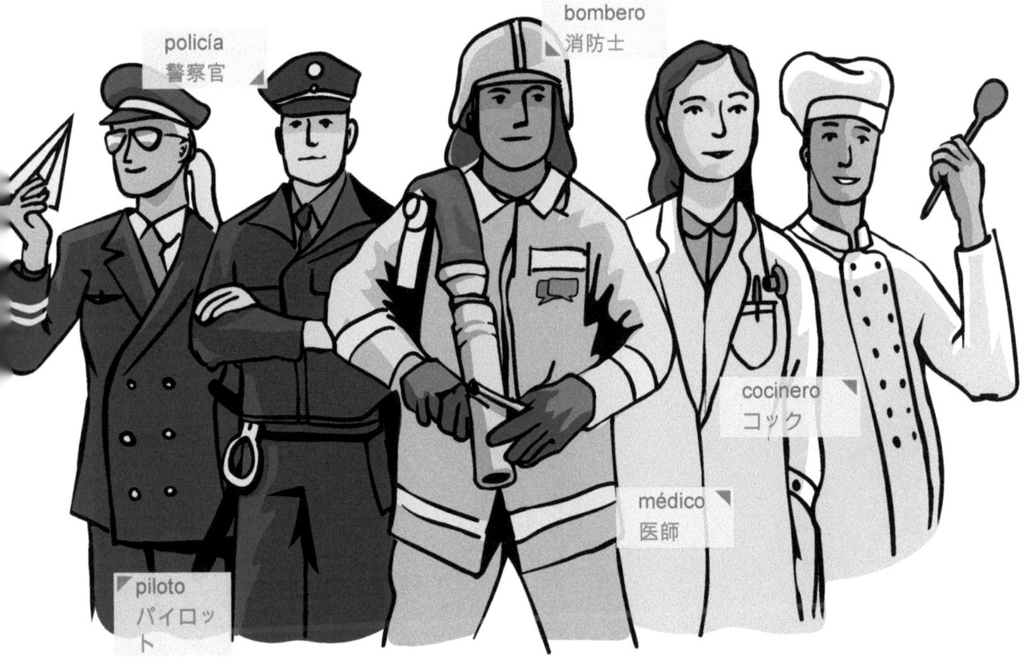
bombero
消防士
policía
警察官
cocinero
コック
médico
医師
piloto
パイロット

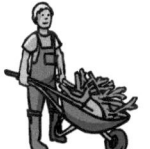

jardinero

庭師

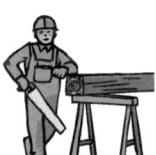

carpintero

大工

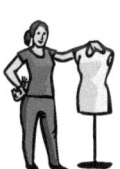

modista

お針子

juez

裁判官

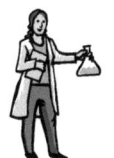

farmacéutico

化学者

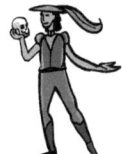

actor

俳優

colectivero

バスの運転手

taxista

タクシー運転手

pescador

漁師

mucama

掃除婦

techista

屋根ふき職人

mozo

ウェイター

cazador

ハンター

pintor

塗装工

panadero

パン屋

electricista

電気工

albañil

建設作業員

ingeniero

エンジニア

carnicero

肉屋

plomero

配管工

cartero

郵便配達人

soldado

軍人

arquitecto

建築家

cajero

レジ係

florista

花屋

peluquero

美容師

cobrador

車掌

mecánico

機械工

capitán

キャプテン

dentista

歯科医

científico

科学者

rabino

ラビ

imán

イスラム導師

monje

修道士

sacerdote

牧師

herramientas
道具

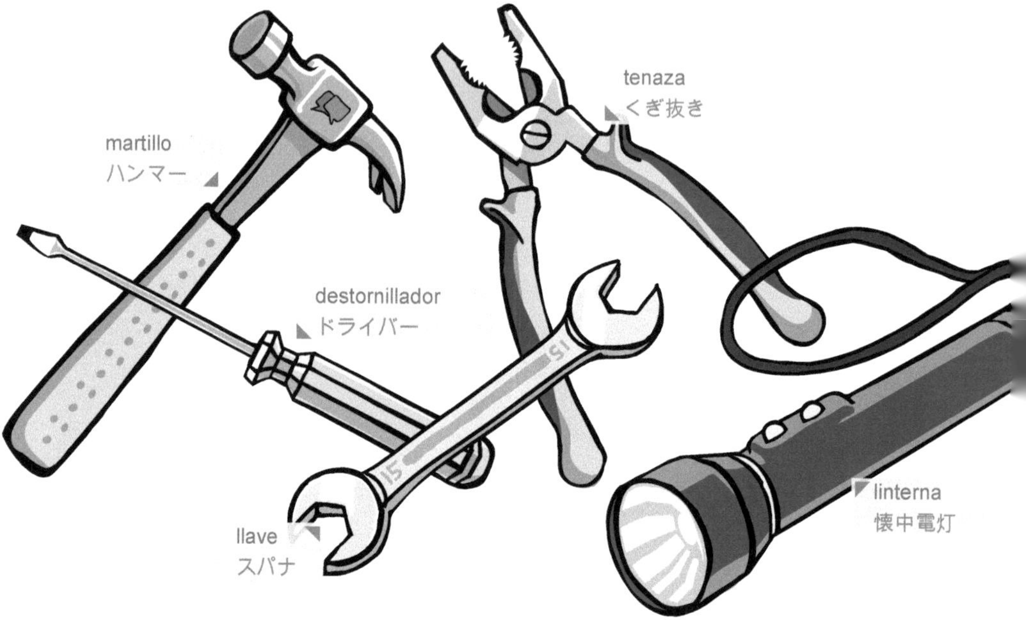

martillo
ハンマー

tenaza
くぎ抜き

destornillador
ドライバー

llave
スパナ

linterna
懐中電灯

excavadora

掘削機

caja de herramientas

道具箱

escalera portátil

はしご

sierra

のこぎり

clavos

釘

taladro

ドリル

arreglar

修理する

pala de jardín

シャベル

¡Qué bronca!

クソ！

pala de plástico

ちりとり

tacho de pintura

ペンキ缶

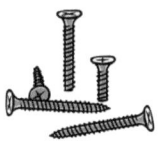

tornillos

ネジ

instrumentos musicales
楽器

parlante
スピーカー

batería
打楽器

contrabajo
コントラバス

trompeta
トランペット

guitarra
ギター

piano

ピアノ

violín

バイオリン

bajo

バス

timbales

ティンパニ

tambor

ドラム

teclado

キーボード

saxofón

サックス

flauta

フルート

micrófono

マイクロフォン

zoológico
動物園

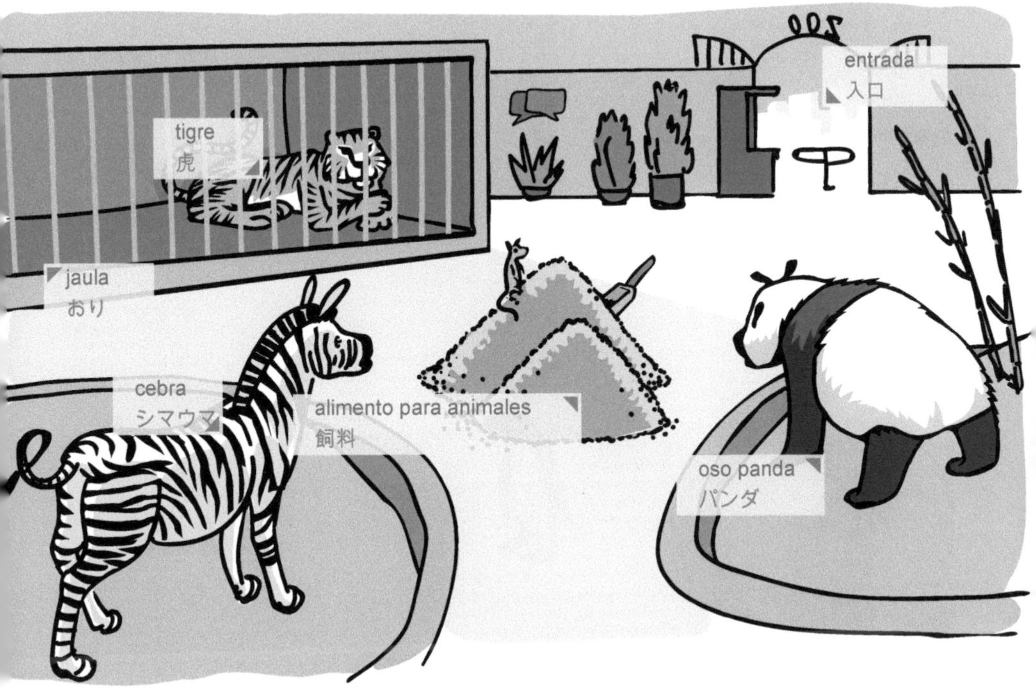
entrada
入口
tigre
虎
jaula
おり
cebra
シマウマ
alimento para animales
飼料
oso panda
パンダ

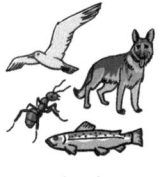

animales

動物

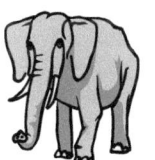

elefante

象

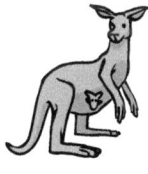

canguro

カンガルー

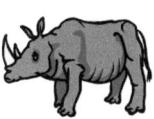

rinoceronte

サイ

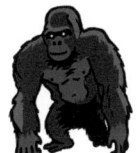

gorila

ゴリラ

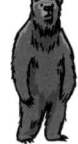

oso

熊

camello

ラクダ

avestruz

ダチョウ

león

ライオン

mono

猿

flamenco

フラミンゴ

loro

オウム

oso polar

白クマ

pingüino

ペンギン

tiburón

サメ

pavo real

クジャク

serpiente

蛇

cocodrilo

ワニ

cuidador del zoológico

飼育係

foca

アザラシ

jaguar

ジャガー

poni

ポニー

leopardo

ヒョウ

hipopótamo

カバ

jirafa

キリン

águila

鷲

jabalí

雄豚

pescado

魚

tortuga

亀

morsa

セイウチ

zorro

狐

gacela

ガゼル

deportes
スポーツ

fútbol americano
アメフト

ciclismo
サイクリング

tenis
テニス

básquet
バスケット
ボール

natación
水泳

boxeo
ボクシング

hockey sobre hielo
アイスホッケー

fútbol

サッカー

bádminton

バドミントン

atletismo

陸上競技

handball

ハンドボール

esquí

スキー

polo

ポロ

actividades
活動

saltar
跳ぶ
abrazar
抱きしめる
reír
笑う
caminar
歩く
cantar
歌う
soñar
夢見る
rezar
祈る
besar
キス

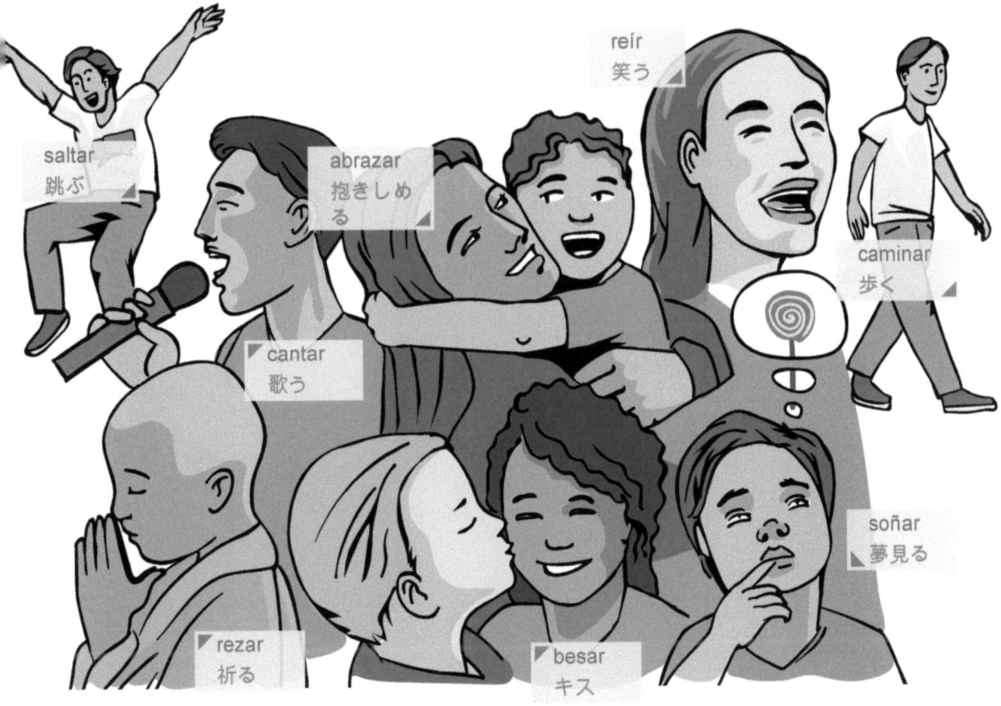

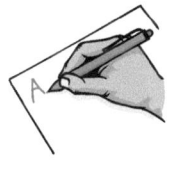

escribir
書く

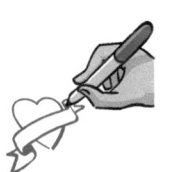

dibujar
描く

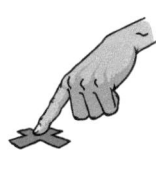

mostrar
示す

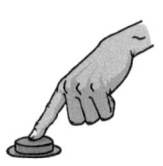

presionar
押す

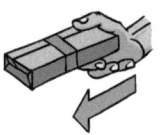

dar
与える

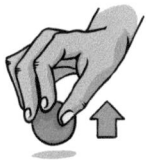

tomar
取る

tener

持っている

hacer

する

ser

ある

estar parado

立つ

correr

走る

tirar

引く

tirar

投げる

caer

落ちる

estar acostado

横たわっている

esperar

待つ

llevar

運ぶ

estar sentado

座る

vestirse

着る

dormir

眠る

despertar

目が覚める

mirar

見る

llorar

泣く

acariciar

なでる

peinar

櫛ですく

hablar

話す

entender

理解する

preguntar

質問する

escuchar

聞く

beber

飲む

comer

食べる

ordenar

片づける

amar

愛する

cocinar

料理する

manejar

運転する

volar

飛ぶ

navegar

ヨットに乗る

calcular

計算する

leer

読む

aprender

学ぶ

trabajar

働く

casarse

結婚する

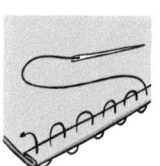

coser

縫う

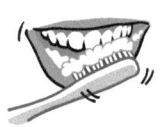

cepillarse los dientes

歯を磨く

matar

殺す

fumar

喫煙する

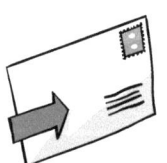

enviar

送る

abuela
祖母

abuelo
祖父

padre
父

madre
母

bebé
赤ん坊

hija
娘

hijo
息子

invitado

お客様

tía

おば

tío

おじ

hermano

兄弟

hermana

姉妹

cuerpo
体

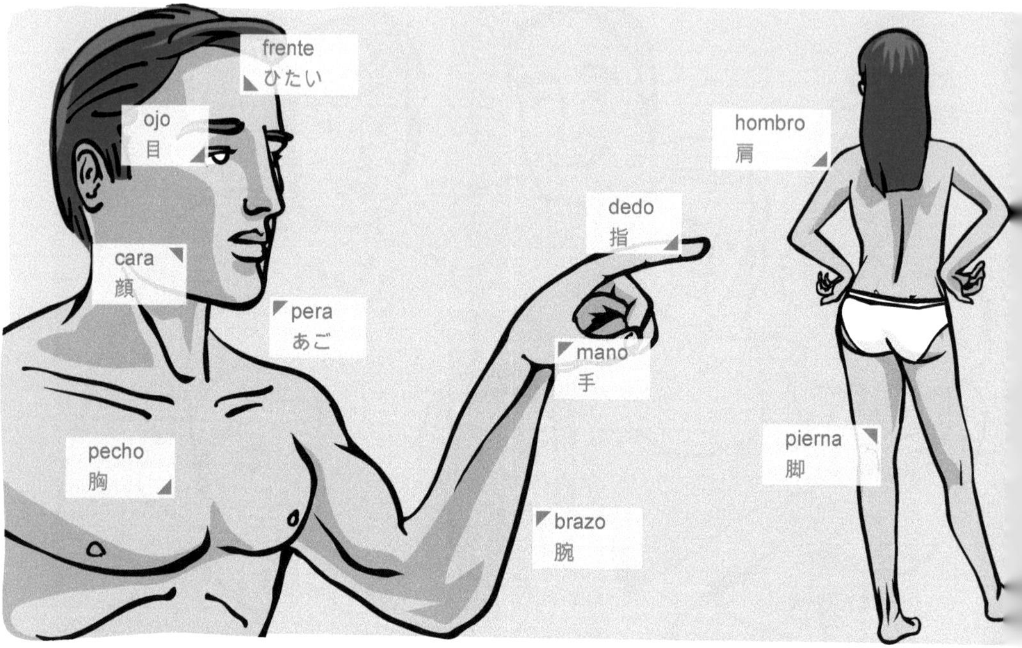

frente
ひたい

ojo
目

hombro
肩

dedo
指

cara
顔

pera
あご

mano
手

pecho
胸

pierna
脚

brazo
腕

bebé

赤ん坊

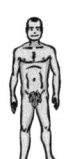

hombre

男性

mujer

女性

nena

少女

nene

少年

cabeza

頭

cuerpo - 体

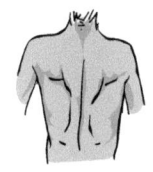

espalda

背中

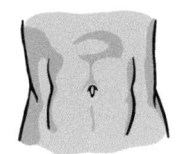

panza

腹

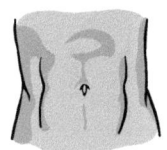

ombligo

へそ

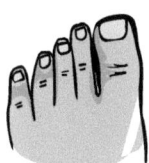

dedo del pie

足指

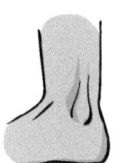

talón

かかと

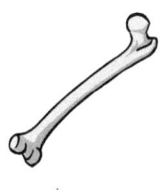

hueso

骨

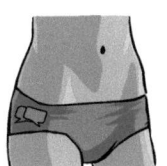

cadera

腰

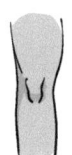

rodilla

ひざ

codo

ひじ

nariz

鼻

cola

尻

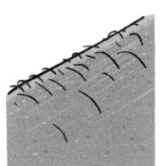

piel

皮膚

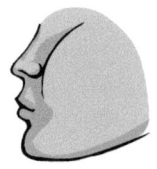

cachete

頬

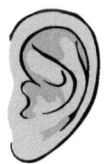

oreja

耳

labio

唇

boca

口

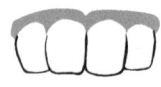

diente

歯

lengua

舌

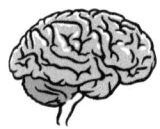

cerebro

脳

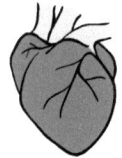

corazón

心臓

músculo

筋肉

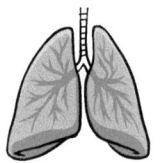

pulmón

肺

hígado

肝臓

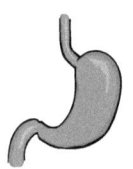

estómago

胃

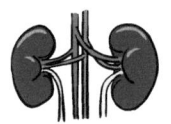

riñones

腎臓

sexo

セックス

preservativo

コンドーム

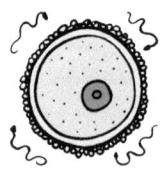

óvulo

卵細胞

semen

精液

embarazo

妊娠

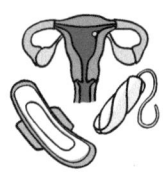

menstruación

月経

vagina

膣

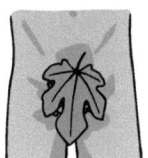

pene

ペニス

ceja

眉

pelo

髪

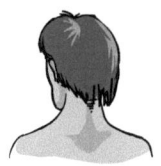

cuello

首

hospital

病院

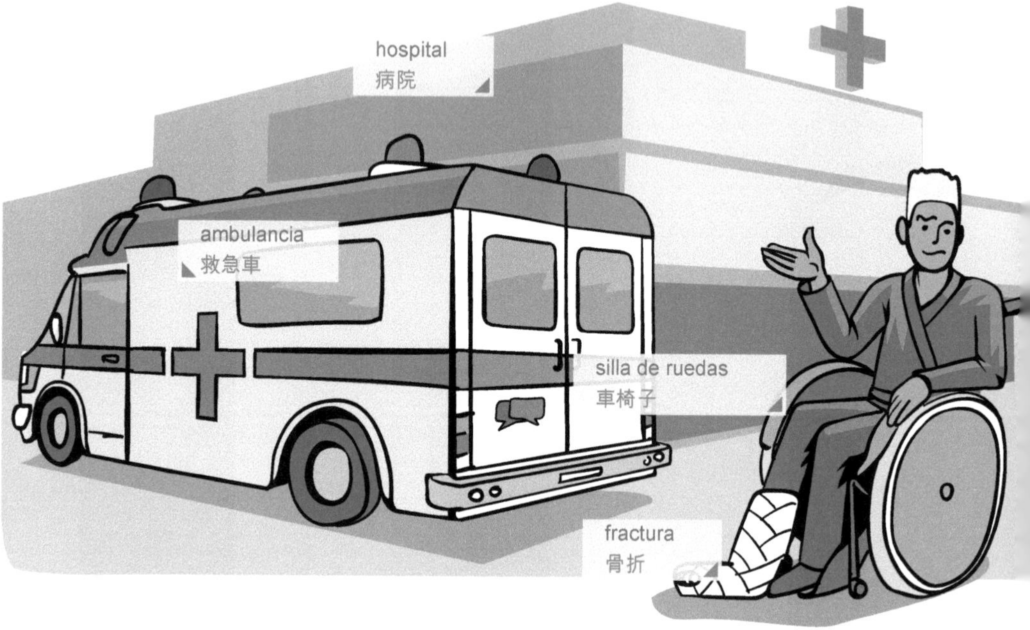

hospital
病院

ambulancia
救急車

silla de ruedas
車椅子

fractura
骨折

médico

医師

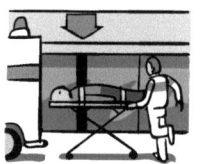

sala de guardia

救急治療室

enfermera

看護師

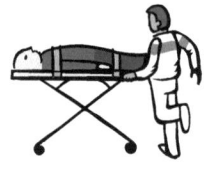

emergencia

救急

inconsciente

失神

dolor

痛み

lesión

けが

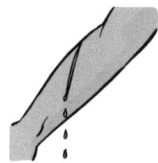

hemorragia

出血

infarto

心臓発作

ACV

脳卒中

alergia

アレルギー

tos

咳

fiebre

熱

gripe

インフルエンザ

diarrea

下痢

dolor de cabeza

頭痛

cáncer

癌

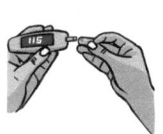

diabetes

糖尿病

cirujano

外科医

bisturí

外科用メス

operación

手術

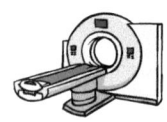

TC
....
CT

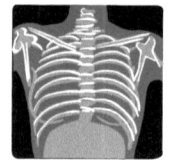

rayos x
....
レントゲン

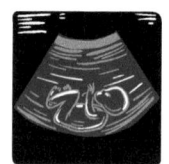

ecografía
....
超音波

barbijo
....
マスク

enfermedad
....
病気

sala de espera
....
待合室

muleta
....
松葉づえ

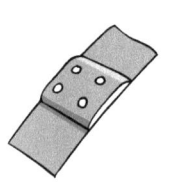

curita
....
ばんそうこう

venda
....
包帯

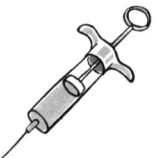

inyección
....
注射

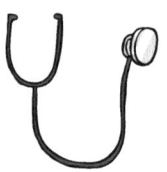

estetoscopio
....
聴診器

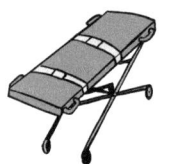

camilla
....
担架

termómetro
....
体温計

nacimiento
....
出産

sobrepeso
....
肥満

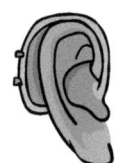

audífono

補聴器

desinfectante

消毒剤

infección

感染

virus

ウイルス

VIH / SIDA

HIV / エイズ

remedio

内服薬

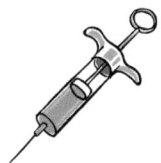

vacunación

予防接種

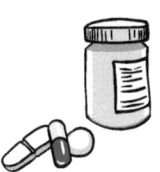

comprimidos

錠剤

pastilla anticonceptiva

ピル

llamada de emergencia

緊急電話

tensiómetro

血圧計

enfermo / sano

病気の / 健康な

¡Ayuda!

助けて！

alarma

アラーム

agresión

暴行

ataque

攻撃

peligro

危険

salida de emergencia

非常口

¡Fuego!

火事だ！

matafuego

消火器

accidente

事故

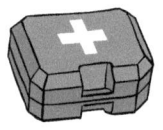

botiquín de primeros
auxilios

救急箱

SOS

SOS

policía

警察

Europa

ヨーロッパ

América del Norte

北米

América del Sur

南米

África

アフリカ

Asia

アジア

Australia

オーストラリア

Atlántico

大西洋

Pacífico

太平洋

Océano Índico

インド洋

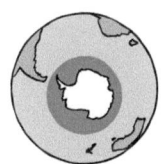

Océano Antártico

南極海

Océano Ártico

北極海

polo norte

北極

polo sur

南極

Antártida

南極大陸

Tierra

地球

tierra

陸

mar

海

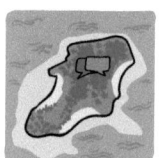

isla

島

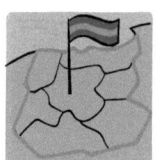

nación

国家

estado

国家

esfera

文字盤

manecilla de las horas

短針

minutero

長針

segundero

秒針

¿Qué hora es?

何時ですか？

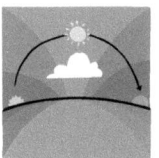

día

日

hora

時間

ahora

現在

reloj digital

デジタル時計

minuto

分

hora

時間

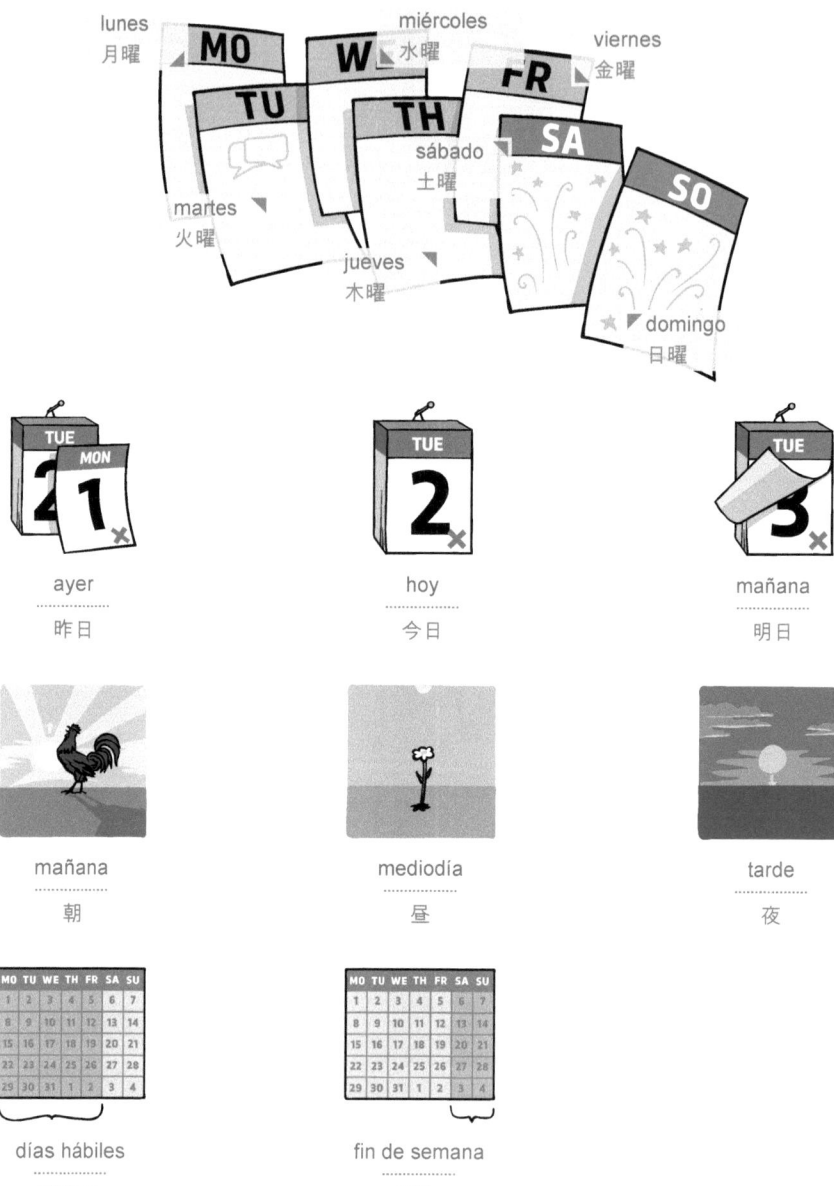

lunes
月曜

miércoles
水曜

viernes
金曜

sábado
土曜

martes
火曜

jueves
木曜

domingo
日曜

ayer
昨日

hoy
今日

mañana
明日

mañana
朝

mediodía
昼

tarde
夜

días hábiles
営業日

fin de semana
週末

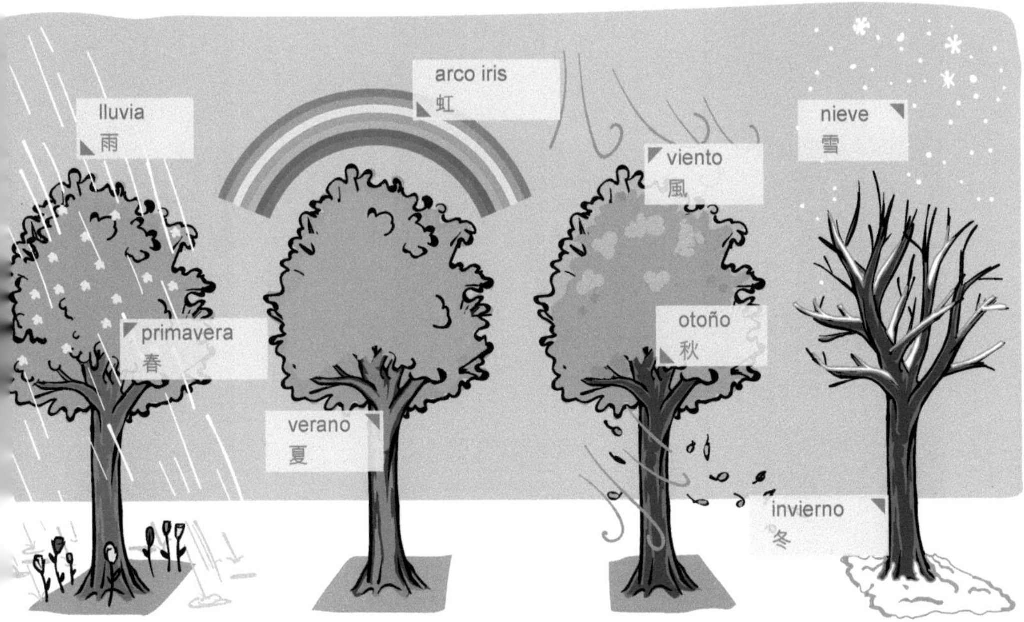

lluvia
雨
arco iris
虹
viento
風
nieve
雪
primavera
春
verano
夏
otoño
秋
invierno
冬

4.APRIL 11°
5.APRIL 4°
6.APRIL 13°
7.APRIL 8°
8.APRIL 10°

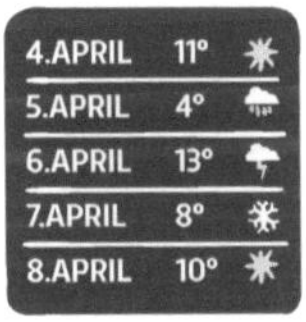

ronóstico meteorológico

天気予報

F
C
120
90
60
30
0
-30
40
30
20
10
0
-10
-20

termómetro

温度計

luz del sol

日差し

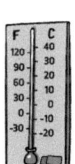

nube

雲

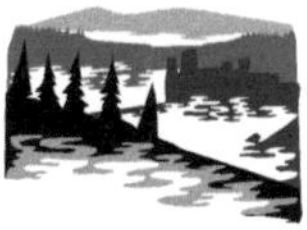

niebla

霧

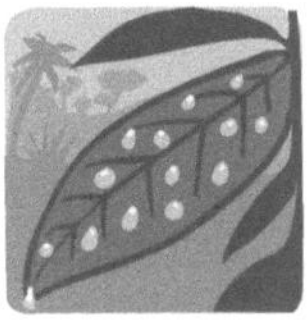

humedad

湿度

rayo

雷

trueno

雷

tormenta

嵐

granizo

ひょう

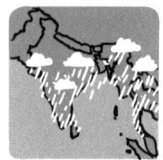

monzón

季節風

inundación

洪水

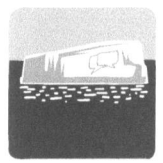

hielo

氷

enero

1月

febrero

2月

marzo

3月

abril

4月

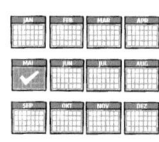

mayo

5月

junio

6月

julio

7月

agosto

8月

año - 年

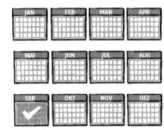

septiembre
....
9月

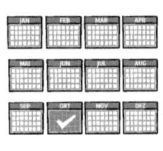

octubre
....
10月

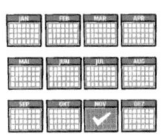

noviembre
....
11月

diciembre
....
12月

formas

形

círculo
....
円

cuadrado
....
正方形

rectángulo
....
長方形

triángulo
....
三角

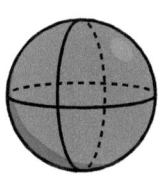

esfera
....
球

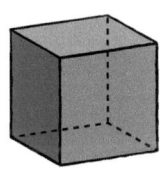

cubo
....
立方体

blanco

白

amarillo

黄

naranja

オレンジ

rosa

ピンク

rojo

赤

violeta

紫

azul

青

verde

緑

marrón

茶

gris

灰色

negro

黒

mucho / poco

多い / 少ない

enojado / tranquilo

怒っている /
落ち着いている

lindo / feo

美しい / 醜い

principio / fin

初め / 終わり

grande / chico

大きい / 小さい

claro / oscuro

明るい / 暗い

hermano / hermana

兄弟 / 姉妹

limpio / sucio

清潔な / 汚い

completo / incompleto

完全な / 不完全な

día / noche

日中 / 夜

muerto / vivo

死んだ / 生きている

ancho / angosto

幅広い / 狭い

comestible / no comestible

悪意のある / 親切な

食べられる /
食べられない

malo / amable

悪意のある / 親切な

entusiasmado / aburrido

興奮している /
退屈している

gordo / flaco

太った / 痩せた

primero / último

最初に / 最後に

amigo / enemigo

友人 / 敵

lleno / vacío

いっぱいの / 空の

duro / blando

硬い / 柔らかい

pesado / liviano

重い / 軽い

hambre / sed

空腹 / 喉の渇き

enfermo / sano

病気の / 健康な

ilegal / legal

違法な / 合法な

inteligente / estúpido

賢い / 愚かな

izquierda / derecha

左に / 右に

cerca / lejos

近い / 遠い

nuevo / usado

新しい　/　中古の

nada / algo

何もない　/　何かある

viejo / joven

老いた　/　若い

encendido / apagado

オン　/　オフ

abierto / cerrado

開いている　/
閉まっている

silencioso / ruidoso

静かな　/　うるさい

rico / pobre

裕福な　/　貧乏な

correcto / incorrecto

正しい　/間違っている

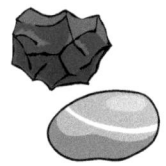

áspero / suave

粗い / なめらか

triste / contento

悲しい　/　幸せな

corto / largo

短い　/　長い

lento / rápido

ゆっくり　/　速い

mojado / seco

濡れた　/　乾いた

caliente / frío

温かい　/　冷たい

guerra / paz

戦争　/　平和

0

cero

ゼロ

1

uno

1

2

dos

2

3

tres

3

4

cuatro

4

5

cinco

5

6

seis

6

7

siete

7

8

ocho

8

9

nueve

9

10

diez

10

11

once

11

12

doce

12

13

trece

13

14

catorce

14

15

quince

15

16

dieciséis

16

17

diecisiete

17

18

dieciocho

18

19

diecinueve

19

20

veinte

20

100

cien

100

1.000

mil

1000

1.000.000

millón

100万

言語

inglés

英語

inglés americano

アメリカ英語

chino mandarín

中国標準語

hindi

ヒンディー語

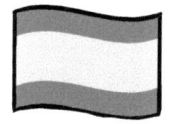

español

スペイン語

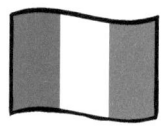

francés

フランス語

árabe

アラビア語

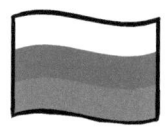

ruso

ロシア語

portugués

ポルトガル語

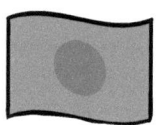

bengalí

ベンガル語

alemán

ドイツ語

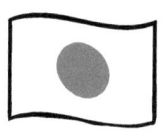

japonés

日本語

yo

私

vos

あなた

él / ella

彼 / 彼女 / それ

nosotros

私たち

ustedes

あなたたち

ellos

彼ら

¿quién?

誰？

¿qué?

何？

¿cómo?

どうやって？

¿dónde?

どこ？

¿cuándo?

いつ？

nombre

名前

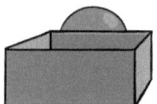

detrás

後ろ

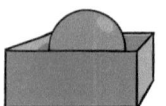

en

中

adelante de

前

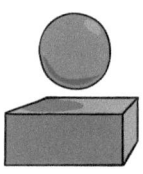

por encima de

上

sobre

上

debajo de

下

al lado de

横

entre

間

lugar

場所